- *Charlotte Münch*
- *ein- bis zweisamkeit*
- *Gefühlsgedanken, Wutworte & Mutmachereien*

Charlotte Münch

ein- bis zweisamkeit

Gefühlsgedanken, Wutworte & Mutmachereien

www.tredition.de

Impressum

© 2017 Charlotte Münch

Herausgeber: Charlotte Münch
Texte: Charlotte Münch
Fotos: Charlotte Münch (22) & Hans Rutar (13)
Umschlaggestaltung, Titelfoto: Charlotte Münch

Verlag: tredition GmbH, Hamburg

ISBN
Paperback   978-3-7439-2981-4
Hardcover   978-3-7439-2982-1
e-Book   978-3-7439-2983-8

Printed in Germany

Das Werk, einschließlich seiner Teile, ist urheberrechtlich geschützt. Jede Verwertung ist ohne Zustimmung des Verlages und der Autoren unzulässig. Dies gilt insbesondere für die elektronische oder sonstige Vervielfältigung, Übersetzung, Verbreitung und öffentliche Zugänglichmachung.

Bibliografische Information der Deutschen Nationalbibliothek:
Die Deutsche Nationalbibliothek verzeichnet diese Publikation in der Deutschen Nationalbibliografie; detaillierte bibliografische Daten sind im Internet über http://dnb.d-nb.de abrufbar.

Inhaltsverzeichnis

Einleitende Fremd-Worte..7
Arachnohymnia..9
Ein- bis Zweisamkeit...11
Zu..12
Bis dass I..15
Bis dass II...17
Ver-..19
Auf Schwingen..21
Untot...23
Waffenlieferung..25
Früher...27
Auf den Faröern...29
Nicht schlecht...31
Kein Stillstand..33
Innere Dimension...35
Niedere Mathematik...37
Aus dem Traum..39
Frau Luna lächelt...41
Heimatweh..43
Ein Fall von Wenn & Dann..45
Leise rieselt die Schokolade......................................46
Mutanfall..49
Schmetterlings Kraft..51
Strandbeben...53
Falscher die Glocken nie klingen..............................55
Stellungskrieg..57
Ent- oder weder...59
Märchenhafte Variation...60
Zeitlicher Dreisprung...63
Irr-tum..65

Von A bis B..67
Vom Glück des Machers..68
O Weih...71
Mehrfachnutzen..73
Tränensack-Blues...74
Ausleitende Fremd-Worte..77
Über die Buch-Macher...79
Dank...80

Einleitende Fremd-Worte

„Der einzige Mensch,
der sich vernünftig benimmt,
ist mein Schneider:
Er nimmt jedes Mal neu Maß,
wenn er mich trifft.
Die anderen legen immer die alten Maßstäbe an
in der Meinung,
sie passten heute noch für mich."

George Bernard Shaw

„Es gibt nicht nur die ewig Gestrigen,
es gibt auch die ewig Morgigen."

Erich Kästner

„Wenn jemand dir sagt,
deine Träume seien töricht,
dann erinnere dich bitte daran,
dass da draußen ein Millionär herumläuft,
der die Schwimmnudel erfunden hat!"

Steve Maraboli

Arachnohymnia

Du sagst,
ich spinne.

Wie recht
du doch hast:

Ich webe
feine Verbindungen
und gestalte
tragfähige Netze.

Ein- bis Zweisamkeit

Ich kehre zurück zu mir
und da bleibe ich
damit ich auch morgen
Lust habe
mit mir zu erwachen
voller Freude
auf einen weiteren Tag
gemeinsam mit mir

Wie könnte ich
je wieder
einsam sein
jetzt
wo ich mICH habe

?

Zu

Ich bin
so sagst du

zu offenherzig
zu undurchschaubar

zu mitteilsam
zu zu

zu mutlos
zu leichtsinnig

zu nachdenklich
zu gedankenlos

zu oberflächlich
zu intensiv

zu fürsorglich
zu verantwortungslos

zu mitfühlend
zu abgegrenzt

zu neugierig
zu abgeklärt

zu bunt
zu schwarzweiß

zu vielseitig
zu einsilbig

zu laut lachend
zu laut denkend
zu laut still

Von wem verdammt
redest du eigentlich
wenn du sagst
du liebst mich

Bis dass I

Auferstehung

Bis dass
der Tod uns scheidet
der Tod das Uns scheidet
der Tod unserer Liebe uns scheidet

Lass uns unser Wir
würdevoll beerdigen
damit jeder von uns beiden
leben kann

Bis dass II

Disteln oder Wildblumen

Es geht nicht darum
auf dem blühfreien Trampelpfad
einer verdorrten Liebe
sich Schritt für Schritt voranzuquälen
aus Angst vor einem möglichen Sturz
ins Alleinsein
seine Lebenszeit abkriechend

Die Frage lautet vielmehr:
Würde mein gegenwärtiges Ich
nach all dem
was es mit dir erlebt hat
sich genau heute
erneut in dich verlieben
und nochmals JA zu uns sagen

Ver-

Wenn sich
trauen und vertrauen
zueinander ebenso verhalten
wie
schlafen und verschlafen
kochen und verkochen
oder
laufen und verlaufen

dann habe ich mich
was dich betrifft
vertraut

Auf Schwingen

Der neue Tag
hat noch keinen Schimmer
Wildgänse erhellen vielstimmig
meine Nacht
wecken mein Sehnen

Könnte sie sich doch
ihrer Flügel erinnern
meine Sehnsucht
die altvertraute
namenlose

und
mich aufschwingen
in meine Höhen
die unerforschten
noch unbenannten

Untot

Jener Mensch dort
sich schon vor langer Zeit
das Leben genommen habend
sagt nun ängstlich
er wolle nicht sterben

Aber will jener Mensch dort
auch wirklich leben
oder will er lediglich
am Leben bleiben
um dem Tod zu entkommen

Waffenlieferung

öffne dich
enttarne dich und
vertraue dich mir an

zeige mir
wo dein Herzblut fließt
sage mir
wo dein Schmerz sitzt

sprich
berichte jedes Detail
ich will alles wissen

damit ich es im Zweifel
wirkungsvoll
treffend
gegen dich verwenden kann

Früher

Vielleicht ist der Hauch des Windes
an meiner Wange
Deine sanfte Zärtlichkeit
so wie früher

Vielleicht ist das Pritzeln des Sandes
auf meiner Haut
Dein mich Necken
so wie früher

Vielleicht ist das Singen des Vogels
direkt in mein Herz
Dein Ich liebe dich
so wie früher

Vielleicht ist das Rauschen der Wellen
unaufhörlich mir die Füße netzend
Dein Erinnern an unser Für immer
so wie früher

Vielleicht schickst Du ja jene Wolke
um meine Tränen damit abzutupfen
und dann
mit meiner Trauer fortzuhauchen

Irgendwie gibt es Dich
überall
und Du bist noch hier
so wie früher

Auf den Faröern

Irgendwann
nach der Zeitenwende
könnten Wale und Delfine
in edler Brauchtumspflege
allsommerlich dem Meer entsteigen
bewaffnet mit Schwertmuscheln

die sie den Bewohnern dieser Inseln
in die Nasenlöcher stoßen
in die Rachen und die Hälse
ihnen das Rückenmark durchtrennen
nur so zum Spaß
lasst doch mal die Kälber nach vorn

jubelnd sich daran ergötzend
wie lange Sterben dauern kann
wenn diese zweibeinigen Säuger
hilflos ihr eigenes Blut auskotzen
jene Insel mit tödlichem Rot überziehen
farblich Arm in Arm mit dem Sonnenuntergang

Doch fehlt Walen und Delfinen
für derartiges Tun
das Menschliche

Nicht schlecht

„In guten wie in schlechten Zeiten"
Was soll das denn heißen?

Ich soll
bei dir bleiben
weil es dir
sonst schlecht geht

Ich soll es mir also
schlecht gehen lassen
damit es dir
nicht schlecht geht

Wenn es mir
schlecht geht
dann geht es
dir gut

Kein Stillstand

Sollte ich
mich bezeichnen
als Teil
meines eigenen Uhrwerks
so wäre ich
die Unruh

Innere Dimension

Nachts
wenn mein Geist
sich freifliegt
unbelagert ungezügelt unbeschämt

kommen Worte
in allen Farben

und Bilder
in allen Klängen

und Melodien
in allen Formen

So tief
mein Unschlaf

Niedere Mathematik

ICH = ICH
DU = DU
ICH + DU = WIR

Das WIR ist also
die Schnittmenge von ICH und DU
fraglos eine Variable
von mir jedoch auch als Konstante betrachtet

Doch du hast deine Rechenart geändert
und aus unserer Gleichung eine Ungleichung gemacht

Immer wieder
ziehst du deine Wurzel aus einer Unbekannten
sagst
das zählt doch nicht
und ich soll fünfe gerade sein lassen

Doch unser kleinster gemeinsamer Nenner
lässt sich nicht dadurch vergrößern
indem er mit dem Kehrwert
von dir unberechenbarer Null
multipliziert wird

Ich sehe die Lösung im goldenen Schnitt
und subtrahiere dich aus meinem Leben:

WIR – DU = ICH

Soviel hab ich begriffen

Aus dem Traum

Ich träume von mir
dass ich wach werde
erwache
aus dieser Realität
der selbst erschaffenen
die zu ertragen
mich alle Kraft kostet
damit ich nicht aufwache
aus meinen Träumen
von mir

Es träumt mich
was aus meinem Ich
werden könnte
wenn es
die gleiche Energie
die es zum Aushalten braucht
nicht weiterhin
gegen
sondern endlich
für
sich einsetzen würde

Frau Luna lächelt

Die Nacht schweigt
mit finsterem Lächeln

Komm
sagt mein Geliebter
komm lass uns
die Dunkelheit tanzen

komm lass uns
Sternengeschnatter atmen
und
Mondlicht trinken

Die Nacht lächelt schweigend
in ihre Finsternis

Heimatweh

Manchmal
oder auch öfter
wenn Schlaf
sich nicht willkommen fühlt
schaue ich
atemlos
vor sehnsuchtsvollem Schmerz
hoch zu den Sternen

Irgendwie
kommt von dort
tröstliche Antwort
auf mein Ungefragtes

Ein Fall von Wenn & Dann

Wenn
du meinst
dein Aufzählen dessen
was du für meine Fehler hältst
und wie oft ich
deiner Ansicht nach
gescheitert bin
bedeutet
dass du mich kennst

Dann
kann ich nur sagen
du weißt
überhaupt nichts von mir

Leise rieselt die Schokolade

Alle Jahre wieder gerät die Verschwendung von Energie und Rohstoff in den Fokus, wenn die in den Verkaufsregalen stehengebliebenen Schokoladen-Nikoläuse bzw. -Weihnachtsmänner eingeschmolzen und zu Osterhasen umgeformt werden und umgekehrt. Umweltverbände und bewusste Bürger plädierten seit langem für die Entwicklung eines festiv bipolaren Naschwerks, schenkbar sowohl zu Weihnachten als auch zu Ostern.

Schokolatiers, Verpackungsdesigner und Sprachwissenschaftler wurden schließlich auch von der Politik aufgefordert zu reagieren, und bildeten vor gut vier Jahren die „Arge GaJaL (Ganzjahres-Leckerli)".

Nach diversen von Bund und Ländern subventionierten Kreativ-Workshops wurden Ende vergangenen Jahres die mit Spannung erwarteten ersten Ideen dieses zukunftsweisenden Gemeinschaftsprojekts präsentiert.

Als kurz- bis mittelfristig realisierbar vorgestellt wurden die Modelle "Hase Ruprecht" in klassisch rotem Stanniolmäntelchen, auf dem Rücken einen Sack voll bunter Eier, sowie "Knecht Weihstern" in frischgrünem Wams, mit verschneiter Zipfelmütze auf den Löffeln und eiergeschmückter Rute zwischen den Vorderläufen.

Eine solche raffinierte 2-in-1-Lösung, Tradition und Umweltschutz intelligent vereinigend, kam laut einer breit angelegten Umfrage der Stiftung Magentest bei großen und kleinen Verbrauchern schon recht gut an.

Radikale Vertreter des Nachhaltigkeitsgedankens gingen jedoch noch einen Schritt weiter. Ihrer Ansicht nach galt es auch den Geburtstag einzubeziehen als drittes gemeinhin wichtiges Fest des Jahres.

Ein junger innovativer Schokoladenhersteller aus dem nördlichen Ostwestfalen griff diesen Gedanken auf, rief die Arge GaJaL an den runden Tisch und brachte kürzlich seine geschmacklich wie optisch überzeugende Produktpalette auf den Markt:

Genikmannhase (lila Vollmilch)
Santa Ostgeweih (Eierlikör-Krokant)
Knecht Gesternnachten (mit ganzen Nüssen)
Oweihtagslaus (97% Edelbitter)

Wie soeben aus zuverlässiger Quelle gemeldet wird, haben die Bundeswehr, der Verband deutscher Friedhofsgärtnerinnen sowie der Karnevalsverein Mücke-Atzenhain umgehend reagiert und ihr Interesse bekundet, sich an einer Erweiterung des Sortiments zu beteiligen. Erste Kooperations-Verhandlungen erfolgen in Kürze.

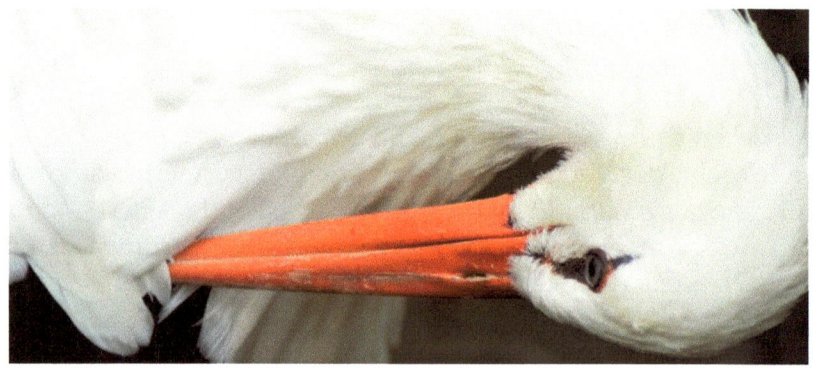

Mutanfall

Ich gebe dem W
das meine stumme Wut anführt
einfach einen Schubs
und stelle es auf den Kopf

Schon hab ich Mut

Schmetterlings Kraft

Manchmal fliegt sie mich an
diese Ahnung
von ungestrafter Leichtigkeit

Und dann möchte ich buntbeflügelt
von Blüte zu Blüte gaukeln
mit meinem Rollrüssel heiter
einen Kelch nach dem anderen naschen
mich lustvoll berauschen
an der betörenden Vielfalt

Und dann wünschte ich
es wäre einfacher
an die Süße des Lebens zu gelangen
träume es käme jemand
der mein Begrenztsein aufbricht
und mich in die Luft wirft
auf dass ich mich freifliege

Doch dann fällt mir ein
dass ein Schmetterling
sich selber
aus eigener Energie
aus seinem Kokon befreien muss
um flugfähig zu werden

Ihm diese Anstrengung abnehmen
hieße
ihn seiner Lebenskraft berauben

Strandbeben

Der einen
welkes Fleisch am Brustkorb baumelnd
steife Brise aus Nordost
treibt unwillige Sandkörner in jede Falte
Knackgeräusche abgenutzter Gelenke
beim Ausschütteln der Decke
hoffentlich guckt keiner

Der anderen
beküssen Sandkörner rauzärtlich
die festfleischjungen Brüste
und umtanzen lustvoll
keck aufgerichtete Kaltwindknospen
Männer blicken begehrlich
steif bei Brise aus Nordost

Die eine hasst die andere
für das was mal war

Die andere hasst die eine
für das was mal wird

Falscher die Glocken nie klingen

An meiner Tür kratzen Leute
sich aus unerfindlichem Grund
als mit mir verwandt bezeichnend
beseelt vom lächerlichen Drang
mit mir zu feiern

Es ist doch das Fest der Familie
halleluja so tönen sie
kenne ich aber nicht
das Lied von der heilen Familie
ich sing nicht mit

Es ist doch das Fest des Friedens
euer Weihnachtsfrieden
ein Täuschungsmanöver
selbstbefriedigter Genuss
fassadialer Gemeinsamkeit

Es ist doch das Fest des Schenkens
wenn das so ist
dann schenkt euch eure Erwartungen
und hört damit auf
es euch auf meiner Lebenszeit
gemütlich machen zu wollen

Stellungskrieg

früher
spielten sie lockend
geh´n wir zu mir oder zu dir

voll Lust sich entdeckend
trauten sie ihrer Liebe
einander kampflos ergeben

heute
spielen sie lauernd
gehst du oder geh ich

und wer sich ergibt
sich aus seiner Deckung traut
hat verloren

dafür wird
der vermeintlich Siegreiche
schon lustvoll sorgen

ent- oder weder

entdumpfe
entblinde
entstumme dich

entzage
entwirre
entzweifle dich

entmüsse
entsolle
entzwinge dich

entfeige
entfolge
entfessle dich

entschwäche
entquäle
entlähme dich

enttöte dich

Märchenhafte Variation

Meine goldene Kugel fällt in einen Brunnen.
Ein kalter ekliger Frosch holt sie wieder raus.
Zum Dank muss ich ihn mit in mein Bett nehmen und küssen.
Doch er will mehr und vor Wut werfe ich ihn mehrfach an die Wand.

Beim dritten Mal macht es poff und vor mir steht ein niedlicher Prinz.
Draußen wiehert sein Pferd, ein stolzer Hengst mit geblähten Nüstern und prächtigem Schweif.

Ich lasse meine Kugel in einen Brunnen fallen.
Ein Frosch holt sie wieder raus, worauf er sehr stolz ist.
Zum Dank küsse ich ihn, das findet er jedoch eklig.
Dennoch will ich mehr und nehme ihn mit in mein Bett, aber er bleibt kalt.
Daraufhin werfe ich ihn wütend mehrfach an die Wand.
Beim dritten Mal macht es poff und vor mir steht ein geblähter Hengst mit prächtigem Schweif. Das Pferd sagt, es sei eigentlich ein Prinz mit goldenen Nüstern, und wiehert niedlich.

Aus Wut über mein ekliges Geblähtsein lasse ich mich in einen Brunnen fallen.
Ein Pferd eilt hinzu und tritt dabei auf einen prächtigen Frosch, was poff macht.
Mit seinem Schweif versucht es mich rauszuziehen und beim dritten Mal klappt es.
Ich küsse den Hengst auf seine kalten Nüstern, woraufhin er dankbar wiehernd eine goldene Kugel fallen lässt.
Davon kaufe ich mir mehrere stolze Prinzen für mein niedliches Wandbett.

Meine goldenen Dritten fallen in einen Pferdebrunnen.
Ich sehe derart eklig aus, dass ich mir vor Wut die Kugel geben will.
Doch ein froschgesichtiger Prinz holt sie wieder raus.
Aus Dankbarkeit werde ich rossig und küsse seine niedlichen Kugeln, bis es poff macht und sein geblähter Schweif vor mir steht.
Mit bebenden Nüstern wirft mich der Prinz an die kalte Wand – scheiß aufs Bett – und macht mir prächtig den Hengst.
Und sofern wir daran nicht gestorben sind, wiehern wir noch heute.

Zeitlicher Dreisprung

Nach jenem Gestern
graut mir
vor dem Morgen

Ich sollte
mich heuten

irr-tum

ich irre
durch den verwelkten garten
meiner ungepflückten träume
hoffnung auf morgen
lässt wüsten blühen

ich irre
über den friedhof meines liebens
so viele namen
auf all diesen steinen
auf einem auch meiner

ich irre
durch das labyrinth meines lebens
vielversprechende sackgassen
heitere ziellosigkeit
ausgang unbekannt

ich irre

Von A bis B

wer A sagt
muss auch B sagen

sagen dir diejenigen
in ihrem gewissen Tonfall
die noch nicht kapiert haben
dass es weitere 24 Buchstaben gibt

also mach
sage A und B
aber konsequent
dann kannst du …

… dich ABartig gut ABgrenzen und deinen ABstand Absichern

Vom Glück des Machers

Du sagst
du willst mich glücklich machen

Willst mich
auf Händen tragen:
Das würde dich kräftigen
aber mich an Muskelschwund eingehen lassen

Willst mir
jeden Wunsch von den Augen ablesen:
Dann wäre ich ohne Frage wunschlos stumm

Willst mich
auf Rosen betten:
Nur solange ich bewegungslos bliebe
würde ich die Dornen nicht spüren

Willst mir
dein Herz schenken:
Dann wärst du ja künftig herzlos

Willst mir
die Sterne vom Himmel holen:
Dann würde ich verglühen und
meinen Träumen bliebe nur raumfüllendes Schwarz

Willst mir
die Welt zu Füßen legen:
Auf diesem Planeten
wird doch schon genug herumgetrampelt

Du sagst
du willst mich glücklich machen

Du meinst wohl eher
ich habe gefälligst mit dir glücklich zu sein
weil du so viel für mich machst

(Liebe mich doch einfach nur!)

O Weih

Schon komisch
für Christen ist das Oster-
das höchste Fest
angeblich

Doch dann gebührte Ostern
die gleiche Vorbereitungshysterie
wie Weihnachten
mindestens

und der willfährige Konsument
hätte noch mehr Geschenke zu kaufen
müsste süßbuntgefüllte Nester
unter den wahren Christbaum legen
handbemalte Eier an die Zweige baumeln
und Opa als Hybrid-Hasen verkleiden
eigentlich

Mehrfachnutzen

Angesichts
deines verschwenderischen Umgangs
mit deiner Sparsamkeit
frage ich mich bange

die Gurkenscheiben
in meinem Salat
sind das die
von deinem Gesicht
dort zuvor
sorgsam platziert
gefältelte Schlaffheit
wegfrischen sollend

Tränensack-Blues

Werde etwas Interessantes mein Sohn
egal was es geht doch nicht um dich
bewundern sollen mich die Leute
wenn ich von dir meinem Sohn rede
nach all den geopferten Jahren
die mich deine lästige Aufzucht gekostet hat
steht sie mir schließlich zu
die selbstsatte Illusion
dir eine gute Mutter gewesen zu sein

Mach Karriere mein Mann
egal wie aber mach endlich
heuchle beiße winde dich nach oben
unaufhaltbar unberührbar unerreichbar
deine Position an meiner Seite
erhebt mich aus meiner Mittelmäßigkeit
erfolgreich bist du auch bei den Damen
was muss ich für eine tolle Frau sein
wenn ich einen so begehrten Mann habe

Tragt Titel meine Freunde
egal wer ihr seid mit wem ihr verkehrt
ich scheiß auf Niveau
für mich zählen nur wohlklingende Posten
ihr die ihr euch für erfolgreich haltet
nährt mich mit eurem Geschwätz
mit euch überheblich andere zu belachen
hüllt mich in ein tröstliches Gefühl von Wichtigkeit
und larviert mein eigenes Lächerlichsein

Bleibt barmherzig mit mir
meine Einsamkeit
meine Leere
meine ungeweinten Tränen
und lasst euch auch weiterhin
von mir
vor mir verbergen
ihr wisst doch
ich zahle jeden Preis

(Für Frau A.)

Ausleitende Fremd-Worte

„Leben allein ist nicht genug,
sagte der Schmetterling.
Sonnenschein, Freiheit und eine kleine Blume
gehören auch dazu."

Hans Christian Andersen

„Wenn du dein Lebenswerk vergeudest,
hinterlässt du auf der Erde nicht mehr
als den Rauch im Himmel oder die Gischt im Wasser."

Leonardo da Vinci

„Der Sinn des Lebens besteht darin,
seine Gabe zu entdecken.
Der Zweck des Lebens ist, sie weiterzugeben."

Pablo Picasso

„Wie ich erfolgreich wurde?
Eines Tages nahm ich einfach die Energie,
die ich ansonsten zum Schmollen brauchte,
und schrieb meinen ersten Blues!"

Duke Ellington

Über die Buch-Macher

Charlotte Münch

Aufgewachsen im vornamensgleichen Berliner Bezirk. Berufsweg: Spanisch-Übersetzerin, Organisationsentwicklerin, heilpraktische Fachtherapeutin für Psychosomatik und Psychoonkologie.
Lebt ihre Berufung als Coach für Führungskräfte und Unternehmer bei anstehenden Kurskorrekturen zu Lebensplanung, Gesundheit und Partnerschaft. Gestaltet Gärten als Kraftort.
Fotografierende Lebensraumhüterin für Vögel, Insekten, Frösche, Fledermäuse, Eidechsen und überhaupt.
Engagiert sich zum Schutz von Regen-/Wald, Wiese und Meer.
Schon lange als leidenschaftliche Schreiberin aktiv: Verfasserin des 2010 erschienenen Buches "Zur Quelle des Propheten" über den Dichter Khalil Gibran und dessen Heimatland Libanon sowie etlicher Fachartikel zu Persönlichkeitsentwicklung, Kommunikationstypen und Konfliktmanagement sowie zu systemischen Beziehungs- bzw. Familienthemen.

Hans Rutar

Angestammter Schleswig-Holsteiner und funkelndes Nordlicht. Biologe, Mathematiker, Chemiker, Forschergeist. Als passionierter Ornithologe und feingestimmter Naturfotograf unermüdlich durch Wald, Feld und Flur streichend. Umweltschützer mit besonderem Einsatz für's Bewahren und Renaturieren der heimischen Moore. Hierzu bietet er Führungen an, um das Bewusstsein auch für jene spezielle, klimarelevante Landschaftsform zu schärfen.
Außerdem gibt er Kurse zum Thema „Meditatives Fotografieren".

Charlotte dankt

Mein Dank geht in erster Linie natürlich an Sie,
werte Leserin, geneigter Leser!

Möge Ihre Sehnsucht Ihr niemals verlöschendes Leuchtfeuer sein,
möge Sie Ihnen Mut machen und Sie geleiten, Ihre Träume mit
Leben zu füllen.

Die Welt braucht Sie mit genau dem, was Sie ausmacht -
bitte enthalten Sie sich uns nicht vor! Das wäre fatal!

>>> <<<

Mein weiterer Dank geht an meine Freundesmenschen, speziell:

An Shanti, Gila, Getrud Maria, Heidi, Yvonne – Ihr Prachtweiber...!

An Heinz, an Peter – es mangelt in der Welt an Männern wie Euch.

Ich danke Euch allen von Herzen für Eure Unterstützung, Eure
Liebe-volle Verbundenheit und dafür, dass wir einander auf unseren jeweiligen Wegen begleiten.
Dafür, dass Ihr mich ermutigt, wenn ich mir oder mich nicht traue,
und dass wir miteinander vor lauter und leiser Freude unbändig
lachen können, selbst wenn das Leben mal zum Heulen ist.

Dank Euch ist mein Leben reich.